AF561577

DE
L'IMMIGRATION
A LA RÉUNION

ETUDE

DES MOYENS A ADOPTER POUR ÉTABLIR L'IMMIGRATION
DE TOUTE PROVENANCE
SUR DES BASES SOLIDES ET AVANTAGEUSES
POUR TOUS LES INTÉRESSÉS

PAR

C. W. SALIZ

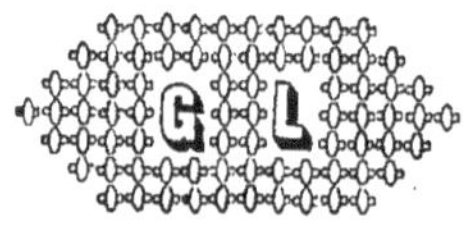

TYPOGRAPHIE DE GABRIEL LAHUPPE, A SAINT-DENIS

ILE DE LA RÉUNION

1866

Depuis le jour où des liens d'affection et de parenté m'ont attaché à la colonie de la Réunion, je me suis toujours intéressé, de près ou de loin, aux grandes questions à la solution desquelles se rattache la prospérité de cette grande et belle Colonie.

L'immigration m'a toujours semblé devoir être mise au premier rang de ces questions dont les colons recherchent et désirent si justement la solution prompte et convenable.

Une expérience assez longue, acquise tout autant dans l'Inde qu'à Maurice, et des documents nombreux recueillis partout, m'ont mis à même d'apporter à l'examen de cette question des éléments en quelque sorte nouveaux.

Le *Moniteur de la Réunion*, toujours si libéralement accessible aux écrits ayant pour but de produire quelque bien au Pays, a fort obligeamment prêté ses colonnes à une série d'articles que je lui ai adressés.

Ce sont ces mêmes articles que je reproduis ici, après leur avoir fait subir de nombreuses corrections et les avoir augmentés de tous les détails dont j'avais cru d'abord devoir ne pas fatiguer les lecteurs.

Développée et enrichie, comme je la livre aujourd'hui, mon *Etude* aura peut-être plus d'attrait.

En la publiant je n'ai eu d'autre mobile que le sentiment du devoir auquel doit céder tout bon citoyen.

Etre utile, dans la mesure de mes moyens, au Pays

que j'affectionne et que je dois, sans doute, longtemps habiter; réunir mes faibles efforts à ceux des hommes dont les incessants travaux veulent établir la prospérité de ce beau Pays : voilà l'intention que j'ai eue en écrivant cette Etude.

Je serai assez récompensé si je puis me flatter d'avoir atteint mon but.

C. W. SALIZ.

Saint-Denis (Réunion), 1er Août 1866.

DE L'IMMIGRATION
A LA RÉUNION

La question du recrutement des travailleurs nécessaires pour la bonne exploitation des domaines de la Colonie occupe en ce moment la première place dans les préoccupations de tout le monde à la Réunion.

Chacun, en effet, a un intérêt réel à voir cette question arriver promptement à une heureuse solution. Habitants sucriers, planteurs, industriels de toutes catégories, banquiers ou négociants, tout le monde comprend qu'il est urgent pour la Colonie que de nouveaux bras viennent le plus tôt possible du dehors combler les vides produits dans les ateliers par les maladies ou par l'arrivée à terme de nombreux engagements.

Tout le monde paraît d'accord également sur le choix à faire des sources auxquelles il faut aller puiser ces éléments indispensables de prospérité générale. Dans tous les quartiers où sa tournée annuelle vient de le conduire, M. le Gouverneur a reçu l'expression du désir général de voir bientôt la Côte d'Afrique réouverte au recrutement des travailleurs pour la Réunion. S'il faut en croire même la rumeur publique, M. le Gouverneur ne se serait pas borné seulement à enregistrer les vœux qui lui étaient exprimés; il aurait donné l'assurance que, depuis assez longtemps déjà, il était lui-même occupé du soin de faire rendre aux habitants de la Réunion la faculté d'aller prendre leurs recrues aux sources abondantes et si proches de la Côte d'Afrique.

Cette assurance serait de nature à faire espérer que la question de l'immigration recevra avant peu la solution tant désirée.

Il devient dès lors inutile, pour le moment du moins, de se livrer à l'étude de systèmes qui, en d'autres temps, auraient pu, en suppléant à celui du recrutement africain, donner une satisfaction, au moins partielle et temporaire, aux besoins de la Colonie.

Il ne faut donc pas considérer le travail que nous allons faire comme un plaidoyer en faveur de l'immigration indienne. Notre but maintenant est uniquement de mettre sous les yeux de tous ceux que pareils sujets intéressent des considérations comparatives, des rapprochements statistiques, tendant à démontrer ce qu'a produit à Maurice et ce qu'aurait pu produire à la Réunion cette immigration indienne dont là-bas on a eu tant à se louer, tandis qu'ici on a eu tant à s'en plaindre.

Nous voulons aussi que l'on arrive enfin à profiter à la Réunion des résultats des expériences faites par les Mauriciens ; que l'on adopte une bonne fois pour l'immigration à la Réunion, de quelque côté qu'elle vienne désormais, les mesures auxquelles on s'est arrêté à Maurice après vingt-cinq ans de tâtonnements et d'essais coûteux.

I

Il est généralement admis sans conteste que la prospérité des colonies, aussi bien françaises qu'anglaises, dépend uniquement de l'importation que les unes et les autres peuvent faire chez elles des travailleurs étrangers, pris dans les contrées dont la population surabondante, ne pouvant être nourrie par le sol, aspire à se diriger vers les lieux moins encombrés.

Jusqu'en 1831, à Maurice aussi bien qu'à la Réunion, les importations de travailleurs se sont trouvées limitées aux naturels de la Côte d'Afrique, introduits par la traite faite en contrebande à la Réunion sur une plus grande échelle qu'à Maurice. Depuis 1831 les deux colonies ont été placées encore et jusqu'ici dans les mêmes conditions générales, ainsi que nous aurons l'occasion de le démontrer. En effet, pendant qu'à Maurice on émancipait les esclaves en 1830, on appliquait à la Réunion la loi du 4 mars 1831, dont les dispositions étaient telles que la traite, même de contrebande, ne fut plus praticable et cessa complétement.

Ainsi, dès cette époque, les deux colonies durent recourir à l'immigration des travailleurs étrangers, introduits libres dans les deux pays. A Maurice les ateliers étaient désertés par les esclaves affranchis ; à la Réunion l'esclavage continuait à subsister, mais il était évident qu'on devait se préparer à voir bientôt l'émancipation proclamée et les ateliers abandonnés ; il fallait bien, d'ailleurs, combler les vides produits par la mort et par les affranchissements.

A Maurice on songea à l'immigration pour satisfaire à des besoins immédiats, à la Réunion on y songea par précaution ou préoccupation de l'avenir.

On n'avait pas d'ailleurs attendu 1831 pour se précautionner de la sorte : la preuve en est dans l'ordonnance locale du 18 janvier 1826, qui statuait sur l'introduction à la Réunion de « *domestiques indiens ;* » et, dans l'arrêté du 3 juillet 1829, concernant « *les gens de travail, indiens,* « *chinois ou autres personnes de la population libre de* « *l'Asie.* »

En 1834, époque à la quelle fut définitif à Maurice l'affranchissement des esclaves, émancipés en 1830 et demeurés depuis en *apprentissage*, il y avait à la Réunion et à Maurice le même nombre d'Indiens, venus comme travailleurs librement engagés.

Les deux colonies étaient gravement menacées dans leur prospérité : l'une par le fait accompli de l'émancipation, l'autre par le manque prochain des bras nécessaires à la culture de son sol ; toutes deux avaient en réalité, dès cette époque, le même intérêt à se pourvoir.

Eh bien ! partant de ce même point et examinant la

situation actuelle des deux colonies, que voyons-nous en 1866?

Maurice possède 350 sucreries entourées de champs vaillamment cultivés par des travailleurs en si grande abondance, que nous voyons des convois d'immigrants arriver à Port-Louis et ne pas trouver de suite des preneurs parmi les habitants.

La Réunion possède tout au plus 150 sucreries autour desquelles rayonnent des terres cultivées, soit par les propriétaires d'usines, soit par des planteurs; et, sur chaque domaine, les cultures souffrent ou bien empiètent sur d'autres travaux que l'on néglige, faute de pouvoir atteindre à tout, avec les ateliers insuffisants dont on dispose.

D'où peut donc provenir cette énorme différence dans les résultats obtenus? Voilà certes une question à laquelle il peut paraître, dès l'abord, assez difficile de répondre. Pourtant rien n'est plus aisé, on en conviendra plus tard avec nous.

Si la Réunion n'a pas reçu des immigrants en aussi grand nombre que Maurice, cela n'a pas dû dépendre assurément de ce que l'une et l'autre n'ont pas pu faire appel aux mêmes populations besogneuses. Si Maurice a eu dans l'Inde plus de facilités de recrutement que n'en a trouvé la Réunion, il est certain que cette dernière colonie a eu, de plus que Maurice, la Côte d'Afrique et Madagascar, et il y a eu compensation sous ce rapport.

En 1848, il y avait à la Réunion 3,440 travailleurs venus de l'Inde; à la même époque Maurice avait chez elle 70,540 immigrants de la même provenance.

Pourquoi donc les Indiens, fort peu versés sans doute dans les connaissances géographiques, ont-ils, pour fuir la misère de leur pays natal, dirigé en si grand nombre leurs regards et leurs bras vers Maurice plutôt que vers Bourbon?

Est-ce parce que le gouvernement métropolitain est venu au secours de Maurice, en payant pour elle des frais d'immigration qu'elle n'eût pas pu payer? Non, car jamais le gouvernement anglais n'a participé pour une livre sterling aux dépenses de la colonie de Maurice, au sujet de l'immigration. Cette colonie a fait seule toutes ces dépenses, soit en en laissant une partie assez forte à la charge des particuliers introducteurs, soit en puisant dans les revenus coloniaux.

Si l'immigration indienne à Maurice a pris une extension si grande et si profitable au développement de la production de son petit territoire, tandis qu'à la Réunion cette immigration, même avec l'aide des recrutements africain et malgache, n'a pas pu arriver encore à combler les vides produits par l'émancipation, il faut s'en prendre à d'autre causes.

Ainsi que nous le démontrerons en continuant plus en détail le rapprochement des deux colonies, ces causes sont de deux sortes, se combinant en définitive en une seule, et les voici :

1° La faute qu'ont toujours commise les habitants des colonies françaises de n'exercer aucune initiative privée et d'attendre toujours, et pour tout, que l'Administration étudie les questions d'intérêt même privé ; que l'Administration prenne sous sa tutelle, subventionne, cautionne ou garantisse, moralement et pécuniairement, toute idée nouvelle, toute entreprise privée d'utilité générale ; — faute énorme à tous égards que celle-là, car, non seulement elle a pour résultat d'étouffer avant leur éclosion la plupart des idées de progrès, mais de plus elle fait à l'Administration une position si délicate qu'elle lui impose une prudence voisine de la prohibition dans presque tous les cas ;

2° La faute de l'Administration qui, à force de se voir invitée à exercer sur tous les intérêts des colons une tutelle sans laquelle il semble que ces intérêts ne puissent pas se diriger, s'est montrée peu à peu beaucoup trop disposée à imposer cette tutelle presque partout ; faute énorme aussi que celle-là, car l'Administration n'aurait pas aujourd'hui la responsabilité des résultats finalement constatés, si elle avait repoussé la responsabilité du début.

3° La faute des administrés et de l'Administration qui,

chacun de son côté, ont cherché toujours à se débarrasser de la responsabilité pécuniaire directe relative à toute entreprise d'utilité générale; faute de laquelle il est résulté que, pour avoir trop compté les uns sur les autres, on n'a jamais rien produit de bon.

On nous dira qu'il ne suffit pas d'attribuer aux causes que nous venons d'énumérer les tristes résultats atteints par l'immigration à la Réunion de 1834 à 1848, et qu'il faudrait le prouver. C'est ce que nous allons faire en rapprochant les faits qui se sont produits à Maurice de ce qui s'est passé à la Réunion.

II

Pour bien démontrer que l'énorme différence constatée entre les résultats de l'immigration à Maurice et ceux obtenus à la Réunion ne doit être raisonnablement attribuée ni à l'insuffisance des sources auxquelles les recruteurs de la Réunion ont dû s'adresser, ni à d'autres raisons du même genre que l'on accuse généralement; pour démontrer que l'on ne doit s'en prendre qu'aux trois causes que nous avons énoncées, il est indispensable de faire un rapprochement détaillé des faits produits dans les deux colonies voisines.

Les amateurs de statistique y trouveront leur compte et nos lecteurs en général ne nous suivront pas sans intérêt dans notre étude. Disons, avant tout, que nos données sont authentiques, prises qu'elles sont dans des documents officiels ou dans les notes d'auteurs très justement autorisés.

Nous avons rappelé plus haut qu'en 1834 Maurice et la Réunion se trouvaient forcées de recourir à l'introduction de travailleurs étrangers. La première de ces colonies avait à remplacer dans ses ateliers les esclaves émancipés; la seconde, privée à tout jamais de la traite, même de contrebande, par la loi de 1831, menacée de voir l'émancipation décrétée d'un moment à l'autre, avait à se précautionner contre la désertion prévue de ses ateliers.

Le Gouvernement anglais ouvrit de suite le Bengale aux recruteurs mauriciens; le Gouvernement français ne mit aucun obstacle sérieux à l'émigration des Indiens de Pondichéry pour la Réunion, laquelle était permise avant 1829. C'était tout ce que pouvait faire le Gouvernement français; il ne lui était pas possible, en effet, de permettre les recrutements à la Côte d'Afrique, où les habitudes de la traite étaient encore de trop fraîche mémoire.

Ainsi voilà les deux colonies mises, en proportion de leurs besoins, dans une position exactement identique.

Les Mauriciens s'empressèrent de profiter de la faculté qu'ils avaient de recruter des travailleurs au Bengale; de 1834 à 1838 il arrivait à Port-Louis 25,568 travailleurs, demandés et introduits par les propriétaires ou industriels, à leurs seuls et propres frais. A la Réunion on ne remplaçait même pas les vides produits par la mortalité et le chiffre des immigrants indiens dans le pays tombait, de 3,102 en 1830, à 1,431 en 1838.

En 1839 l'immigration est suspendue à Maurice par une mesure émanée du Gouvernement de l'Inde; celui-ci avait cédé aux criailleries du parti puissant que formaient alors en Angleterre, sous le déguisement de la *société anti-esclavagiste* (ANTI-SLAVERY SOCIETY), les ennemis perpétuels des colonies en général et de la colonie ci-devant française en particulier.

En 1840 le Gouvernement anglais, détrompé et jugeant qu'une plus longue suspension de l'immigration allait frapper Maurice d'un désastre, ouvrit de nouveau les portes de l'Inde à ses recrutements. Seulement l'Ordre de la Reine en conseil du 15 janvier 1842, qui édictait cette mesure, pourvoyait autrement que jusqu'alors à la réglementation de ces recrutements, aux détails de l'introduction dans la Colonie, et aux termes et conditions d'engagement. Cet Ordre conservait aux planteurs, sucriers ou autres, la faculté de faire venir le nombre d'hommes qu'ils voudraient, seulement ces hommes ne pouvaient être définitivement engagés qu'après leur arrivée dans le pays, et encore pour un an seulement.

Les colons mauriciens jouirent de cette faculté, quoique réduite, jusqu'en 1848. Ils en usèrent le plus qu'ils purent; si bien que, le 31 décembre de la dite année, Maurice renfermait 71,481 immigrants indiens.

A la Réunion, outre les recrues de Pondichéry, on avait eu, dès 1844, les provenances de Madagascar et même quelques Chinois; on ne comptait cependant, comme présents dans la Colonie le 31 décembre 1848, que 4,248 immigrants; et ce n'était que depuis 1846 que les introductions avaient pris quelque importance, car, le 31 décembre 1845, il n'y avait que 2,197 immigrants dans le Pays.

Les 25,468 Indiens introduits à Maurice de 1834 à 1838 avaient coûté aux particuliers 250,000 livres sterling (6,250,000 francs) et les introductions subséquentes, jusqu'en 1848, quoique en partie payées par le trésor public ou plutôt par les revenus d'impôts ad hoc, n'en laissèrent pas moins à la charge des particuliers une somme totale encore de 250,000 livres sterling.

A la Réunion les particuliers ont toujours payé tous les frais d'introduction, cela est très vrai; mais il serait difficile de dire, en présence des chiffres ci-dessus, qu'à Maurice le Gouvernement avait assez contribué aux dépenses pour que l'initiative privée n'ait pas eu, chez nos voisins, la meilleure part dans les résultats obtenus par l'immigration. Nous pouvons dire sans hésiter que ces résultats eussent pu être doublés si, dès 1838, le Gouvernement indien n'avait pas entravé les recruteurs mauriciens, en prenant ou provoquant des mesures qui neutralisaient les effets de l'initiative privée que les colons de l'île voisine ont si bien appris des Anglais à exercer en toute occasion.

Qu'on ne vienne pas nous dire que la même initiative n'eût rien pu faire de plus qu'il n'a été fait ici. Nous demandons sincèrement pardon aux colons de la Réunion d'être obligés de leur prouver que cet argument est tout bonnement insoutenable. C'est à peine s'il peut s'appuyer sur un raisonnement, ou plutôt sur une objection très facile à écarter, ainsi que nous allons le faire plus loin.

Nous n'écrivons pas ici pour le plaisir de trouver des torts là où il n'y en a pas; et que nous ferait d'en trouver si, bien au-dessus du passe-temps de les dénoncer, nous ne voyions un devoir : celui de les faire servir à notre instruction pour l'avenir?

Nous avons bien souvent entendu dire que l'initiative privée ne peut rien faire ici, parce que le Gouvernement tient tout en sa main, qu'il n'ouvre jamais tout entière à la fois. Eh bien, dans l'espèce, cette argumentation se trompe.

Si, dès 1840, les colons de la Réunion s'étaient sérieusement occupés de se prémunir contre la mise en liberté de leurs esclaves; si, pour y pourvoir, ils avaient fait à Pondichéry des demandes nombreuses de travailleurs, comme les Mauriciens en demandaient au Bengale, croit-on que le Gouvernement s'y fût opposé? Non, nous ne le croyons pas, simplement parce que, en agissant ainsi, l'initiative privée des colons eût, en ayant pris les devants, singulièrement atténué la responsabilité du Gouvernement, quant à l'acte si sérieux de l'émancipation. Mais, du reste, quand donc, avant 1848, le Gouvernement a-t-il entravé l'initiative privée au sujet de l'introduction des travailleurs libres? cherchons à nous en rendre compte.

En 1842 le Gouvernement colonial portait atteinte à l'immigration des Indiens par des mesures mal conseillées à l'égard de ces recrues, les seules qu'on eût alors la faculté de se procurer. Ces mesures, à en juger par les considérants de l'arrêté du 13 juin 1842, étaient dictées par les plaintes nombreuses qui parvenaient au Gouvernement au sujet des « gens de travail libres venant d'Asie. »

On disait sans doute, au sujet de ces gens là, en 1842, tout ce qu'on en dit en 1866 à tort ou à raison; si bien que l'Administration a eu les meilleurs motifs de croire qu'elle rendrait service aux intérêts généraux du Pays en établissant, à l'égard des « gens de travail libres venant d'Asie, » une législation si bien combinée, qu'elle devait avoir pour effet de les empêcher de venir à la Réunion. Qui doit s'en plaindre ? Certes pas ceux dont les doléances ont été trop écoutées.

Après 1848, l'initiative privée créait une Société agricole d'immigration qui, on peut le dire, sauva bon nombre de propriétaires de la ruine certaine, en leur procurant à temps des travailleurs. Cette société prit tout de suite la route de l'Inde et c'est de Pondichéry seulement qu'elle tira pendant plusieurs années tous les immigrants qu'elle introduisit à la Réunion.

Pourquoi donc, nous le demandons, ces « gens de travail venant d'Asie, » que l'on aimait si peu en 1842, quand on ne pouvait en avoir d'autres, ont-ils été si bien accueillis après 1848, alors qu'on pouvait chercher ailleurs des gens de travail? Pourquoi ce revirement? Parce que, répondrons-nous, l'initiative privée, qui a fondé, par la force du besoin, la Société d'immigration après 1848, n'existait pas dans les habitudes créoles et n'avait pas, en 1842, un impérieux besoin de naître et d'agir.

Ce que l'on a fait après 1848, on pouvait le faire avant; si on l'eût fait en 1842, au lieu de provoquer de la part du Gouvernement des mesures qui ont encore pour effet de rendre l'immigration à la Réunion antipathique aux Indiens, cette Colonie, mieux cultivée que Maurice avec moins de bras, ne se trouverait certainement pas si loin derrière l'île-sœur dans la voie du développement agricole et commercial.

III

Nous avons vu qu'en 1848 les colonies de Maurice et de la Réunion avaient chez elles : la première 71,481 immigrants venus de l'Inde, la seconde 4,248 immigrants venus de diverses contrées.

De 1848 à 1852, l'immigration à Maurice ne suivit pas la progression établie dans la période de 1842 à 1848. Le Le nombre total des immigrants présents dans cette Colonie le 31 décembre 1852 ne s'élevait que de 31,206 au-dessus de celui relevé à la fin de 1848, et comportait un total de 102,687 individus.

Les recrutements pour Maurice furent, pendant cette période, constamment entravés dans l'Inde par les machinations des soi-disant philantrophes de Londres. Le *anti-slavery society* se débattait de son mieux pour enrayer cette émigration vers Maurice de tant de coolies en faveur desquels on se serait beaucoup moins philanthropiquement mis en avant si, au lieu de se diriger vers l'ancienne île de France, ces bons coolies avaient pris la route de quelque colonie vraiment britannique.

En 1852 la Réunion contenait 27,070 immigrants; les introductions ayant été, pendant ces quatre années, de 23,822 individus, se trouvaient proportionnellement bien plus fortes que celles effectuées à Maurice durant la même période.

En 1853 le courant se rétablit à Maurice pour ne plus s'arrêter jusqu'à ce jour. Il continua à la Réunion jusqu'en 1855, et cette dernière colonie renfermait, le 31 décembre de la dite année, 45,914 immigrants, dont, par conséquent, 18,844 introduits en trois années, soit en moyenne 6,281 par an.

Maurice durant le même temps avait reçu 25,000 individus, soit en moyenne 8,733 par an.

Mais, à partir de 1855, les recrutements pour la Réunion se trouvèrent enrayés dans l'Inde par suite de deux circonstances qu'il faut rappeler.

Les recruteurs de Pondichéry et Karikal étaient accusés par le Gouvernement anglais de se livrer à l'embauchage d'Indiens natifs des districts limitrophes du territoire de Pondichéry; des représentations furent adressées au Gouvernement français pendant que, de son côté, l'Administration de l'Inde anglaise prenait et appliquait vigoureusement des mesures très sévères pour empêcher les coolies, sujets britanniques, de passer la frontière française.

D'un autre côté les colons de la Martinique et de la Guadeloupe trouvaient mauvais que leurs confrères de la Réunion aient eu avant eux la bonne idée d'envoyer chercher des hommes à Pondichéry, et, comme il y a... des ministres à Paris, il fut établi que les Antilles auraient, aux recrues passant par Pondichéry, les mêmes droits que la Réunion, et que désormais ces recrues seraient partagées administrativement par tiers, dont un seulement pour la Réunion.

Disons en passant que, dans son désir de satisfaire aux prétentions des Antilles, le Gouvernement français se trouva donner aux ennemis de l'immigration, les soi-disant philanthropes de l'Angleterre, une précieuse veine d'arguments dans leur sens. On se rappelle ces deux convois d'immigrants qui, ayant relâché à Saint-Denis pour prendre de l'eau, ne voulaient plus continuer leur voyage vers les Antilles et furent, malgré leur désir formel de rester ici, réintégrés par la force armée à bord des navires qui les avaient reçus à Pondichéry et Karikal pour les porter à la Martinique et à la Guadeloupe. C'était légal, sans doute, mais assurément c'était assez mal appliquer à l'immigration l'esprit de liberté dont on a l'habitude de la revêtir.

Ainsi de 1855 à 1859 l'immigration indienne subit nécessairement un ralentissement. Celle de la Côte d'Afrique avait été provisoirement suspendue par arrêté du 29 mars 1855, en raison de l'affaire du *Happy*, et ne fut rétablie que vers la fin de 1856.

Jusqu'en 1859, l'Inde pour quelque chose, la Côte d'Afrique pour beaucoup, contribuèrent à envoyer à la Réunion des travailleurs en assez grand nombre; et, le 31 décembre 1859, le nombre total des immigrants dans la Colonie s'élevait à 64,733 contre 45,914 au 31 décembre 1855.

A Maurice les introductions, durant la même période, avaient porté le chiffre total des immigrants dans l'île à 202,979 contre 128,786 en 1855.

Au mois de mars 1859 la Côte d'Afrique fut de nouveau fermée par ordre du prince Napoléon, chargé du ministère de la marine; et, jusqu'en 1862, époque où fut promulguée et prit effet la convention relative à l'immigration des ports britanniques de l'Inde pour la Réunion, cette colonie n'eut d'autre source de recrutement que Pondichéry et Karikal, de compte à tiers avec les Antilles.

Nous verrons plus loin l'usage qui a été fait et celui qui aurait pu être fait par l'initiative privée des dispositions de cette convention.

On a vu, par les chiffres rapportés plus haut, qu'en 1859 Maurice renfermait 74,993 immigrants de plus qu'en 1855. Sur ce nombre 38,965 avaient été introduits dans une seule année. Ici encore l'initiative privée avait produit son effet.

Par une ordonnance de 1858 le gouvernement britannique avait rendu aux particuliers le droit de faire engager dans l'Inde tous les travailleurs dont ils auraient besoin. Bien que désormais ils dussent, comme au début de l'immigration, payer seuls tous les frais d'introduction de ces recrues, les planteurs, sucriers et industriels de Maurice profitèrent de cette faculté qu'ils avaient accueillie avec enthousiasme; et, en 1859, un an après, ils avaient introduit de la sorte à Maurice 38,965 individus, qui avaient occasionné aux bourses privées un débours de plus de 300,000 livres sterling (7,500,000 francs).

A qui ou à quoi faut-il s'en prendre si, pendant cinq ans qu'ils ont eu la faculté de s'exercer dans les provinces britanniques, les recrutements pour la Réunion n'ont pas permis d'y introduire ce que Maurice a pu et su se procurer en une seule année?

C'est là ce que nous voulons étudier pour que le passé puisse au besoin servir à l'avenir.

IV

Maurice, ainsi que nous l'avons rappelé dans le chapitre précédent, contenait, le 31 décembre 1859, 202,979 immigrants; le 31 décembre 1865 le nombre en était porté à 245,700.

La Réunion avait dans son sein, le 31 décembre 1859,

64,733 immigrants de toute provenance, et le 30 septembre 1865, 77,899.

L'augmentation pendant cette période de cinq années a donc été : pour Maurice de 42,721 individus, et pour la Réunion de 13,166.

Il est indispensable de s'arrêter en présence de ces chiffres qui, plus que les précédents termes de comparaison, doivent prouver d'une manière irréfutable que si l'immigration à la Réunion ne donne pas les résultats que les colons doivent en attendre, cela dépend de causes toutes locales beaucoup plus que des causes extérieures.

Pendant cette période de 1860 à 1866, les deux colonies ont exercé leurs recrutements dans les mêmes centres. Les recruteurs pour la Réunion ont pu faire concurrence à ceux opérant pour Maurice, et pourtant ces derniers ont pu se procurer trois fois plus de travailleurs que les premiers dans le même espace de temps.

On comprendrait cette supériorité obtenue par la colonie voisine dans la préférence des émigrants sortis du même pays, si les Mauriciens avaient, pour faire concurrence aux Bourbonnais, élevé le prix des gages, ou les indemnités aux agents ; mais non, tout est resté, quant à cela, dans les mêmes conditions que précédemment.

Faudrait-il s'en prendre à l'intelligence des recruteurs employés pour la Réunion et croire qu'ils n'ont pas su lutter, à armes égales sinon supérieures, avec leurs collègues employés pour Maurice?

Ne faut-il pas plutôt admettre que les premiers ont eu sur les derniers le désavantage de n'être secondés ni par des dispositions administratives bien entendues, ni par les encouragements de l'initiative privée à la Réunion.

Nous prétendons, sans aucune hésitation, que c'est à ces derniers motifs qu'il faut s'en prendre.

Les habitants de Maurice ont, depuis le jour où ils commencèrent à demander des travailleurs aux centres populeux de l'Inde anglaise, toujours accepté ou subi une échelle de gages proportionnée aux profits que leurs recrues pouvaient retirer de leur travail dans leur propre pays et suffisamment supérieure à ces profits pour les engager à émigrer; à la Réunion, au contraire, on s'est basé toujours, pour les gages à offrir aux Indiens, sur ce que l'on payait aux Africains ou aux Malgaches; et il en est résulté que l'on est constamment resté, sous ce rapport, de beaucoup en arrière des Mauriciens.

En voilà déjà assez pour expliquer cette faveur accordée par les Indiens aux colons de l'île voisine.

Mais il est bien d'autres points sur lesquels les Mauriciens ont acquis dès le début et conservé sur les Bourbonnais une grande supériorité à l'égard de l'immigration. Comprenant que l'avenir de leurs propriétés devait dépendre d'une introduction continue de travailleurs, et qu'il fallait se soumettre à avoir chez soi *trop* d'immigrants pour être sûr d'en avoir *assez*, ils ont, par eux-mêmes ou par leurs suggestions au gouvernement, fait tout ce qu'ils ont pu pour faciliter aux immigrants qui ont fini leur temps d'engagement primitif, l'exploitation d'une foule de petites industries utiles aux habitudes indiennes. Il en est résulté que l'Indien, venant de l'Inde à Maurice, y a toujours retrouvé les moyens de vivre, absolument comme s'il n'était pas sorti de son village : langue, religion, mœurs, coutumes, tout ce qu'il laissait dans l'Indoustan, il le retrouvait tel quel à Maurice.

Il y retrouvait surtout, après le terme de son premier engagement, le droit de s'employer librement, comme ses compatriotes venus avant lui, soit en s'engageant de nouveau à la grande culture, soit en se livrant à la petite culture ou aux professions industrielles.

A la Réunion, au contraire, on a toujours considéré comme un danger pour l'avenir de la Colonie le développement de la population indienne; pour ne pas devenir *colonie indienne*, on a préféré rester colonie française, en arrière de beaucoup de la colonie anglaise, au niveau de laquelle on aurait toujours pu se tenir si on avait voulu.

Que de fois n'avons-nous pas entendu les pessimistes prophétiser l'absorption complète de la propriété et de la fortune coloniales par ces masses d'Indiens.

Pourtant, après trente ans de persistance dans leur opinion, ces prophètes de malheur peuvent constater leur erreur ; car il est facile de s'assurer que la population indienne n'a pas encore absorbé la plus petite partie de la fortune et de la propriété des anciens colons.

Cédant à ce sentiment unanime d'antipathie pour les Indiens, et partageant, sous ce rapport, les apréhensions des colons de la Réunion, l'Administration locale a cru devoir toujours adopter des mesures de police, prendre des arrêtés, formuler des ordonnances destinées à *conserver*, à sauvegarder la Colonie contre l'envahissement de l'élément indien ; c'est-à-dire, en résumé, à dégoûter les Indiens de venir ici.

L'Indien arrivant à la Réunion s'y trouve dépaysé complétement; il est, sur les habitations, mêlé à des Malgaches, à des Cochinchinois, à des Cafres, tous plus robustes ou plus adroits que lui et, en tous cas, n'ayant ni ses usages, ni son langage, ni sa religion. Il est constamment en butte aux recherches de son employeur, qu'il ne satisfait pas comme les autres travailleurs ; il se voit puni plus souvent qu'eux, traduit devant des juges qui ne connaissent pas bien ses habitudes et sa langue ; et il se croit souvent puni mal à propos ou trop sévèrement. Son engagement expiré, il se voit obligé d'en contracter de suite un nouveau du même genre, ou bien de retourner dans son pays, alors qu'il préférerait prolonger son expatriation pour l'utiliser de façon à se former un pécule raisonnable par un emploi plus lucratif. Il s'en va et, arrivé dans son pays, il s'empresse de représenter à tous ses compatriotes que Bourbon est « un mauvais pays où il ne faut pas aller. »

C'est très heureux, sans doute, au point de vue de ceux qui craignent l'envahissement de l'élément indien à la Réunion ; mais assurément c'est très malheureux pour la Colonie qui n'a pu, la plupart du temps, se procurer que dans l'Inde les bras indispensables à la culture de son sol.

Il ne faut pas chercher à s'expliquer autrement la supériorité de Maurice sur la Réunion, dans les centres de recrutement de l'Inde, pendant cette période dernière.

Nous avons quelquefois entendu dire que les habitants de Maurice sont plus téméraires que ceux de la Réunion; qu'ils hésitent moins à s'engager au hasard dans de fortes dépenses; qu'ils se préoccupent moins de tenir, sous ce rapport, leurs engagements et qu'ils ne craignent pas de jeter de l'argent à pleines mains pour faire venir des immigrants. On nous a dit aussi que le gouvernement de Maurice a toujours aidé de beaucoup d'argent les colons intéressés à l'immigration.

Ce sont là, pour expliquer l'énorme différence des introductions de travailleurs entre les deux colonies, des moyens que combattent les faits les mieux connus et que nous allons rappeler.

Depuis 1834 jusqu'à ce jour, que l'introduction des immigrants se soit faite par les soins des particuliers ou par ceux du gouvernement, jamais la dépense pour aucun travailleur importé à Maurice ne s'est élevée au-dessus de 280 francs, y compris la proportion de dépense pour les femmes et enfants accompagnant les engagés. (1)

Depuis que la Réunion reçoit des immigrants, jamais la dépense d'introduction d'un homme n'a été au-dessous de 300 francs pour les Indiens, et au-dessous de 600 francs pour les Africains. Les cessions d'engagements de ces derniers ont coûté souvent jusqu'à 1,100 francs, et même quelquefois 1,200 francs, *par homme ou par femme*. Des chiffres authentiques nous donnent pour moyenne des débours faits par les engagistes : 575 francs par Indien et 1,150 francs par Africain, en y comprenant, pour établir une juste comparaison avec la moyenne à Maurice, les frais faits pour les femmes et enfants.

On voit d'après ces chiffres que les Mauriciens pouvaient avoir, pour la même somme que leurs confrères de la Réunion, deux Indiens pour un, et quatre Indiens pour un Africain — ou, autrement dit, *six* travailleurs pour *deux*.

Si la Réunion possède, en 1865, 77,000 immigrants

(1) On pourra s'en convaincre par le tableau détaillé qui se trouve à la fin de cette ÉTUDE.

et Maurice 245,000, la proportion de *deux* à *six* se trouve à très peu de chose près conservée.

On est donc mal venu à dire qu'à Maurice on a exposé plus de capitaux qu'à la Réunion pour les dépenses d'introduction de travailleurs.

Voyons maintenant quelle part le gouvernement a prise, à Maurice, dans ces dépenses, et comment on pourrait être fondé à croire qu'il a, en réalité, beaucoup aidé les colons, tandis que le gouvernement de la Réunion n'aurait rien fait dans le même sens.

Nos données sont précises quant à ce qui est de Maurice, elles sont même officielles.

Jusqu'en 1838, le gouvernement de Maurice n'a pas contribué pour un centime à l'immigration qui a été entièrement à la charge des particuliers.

En 1842, le gouvernement mauricien s'est chargé de l'immigration ; pour subvenir aux dépenses occasionnées par son intervention, il a créé un *fonds d'immigration*, qui faisait l'avance des déboursés et s'en récupérait par les revenus de taxes spécialement créées pour cela : taxe sur les vins et spiritueux importés, taxes sur les chiens et, plus tard, droits de sortie sur les sucres. On calcula, en prenant ces dispositions, que les dépenses pour l'immigration iraient, chaque année, à 50,000 livres sterling (1,250,000 francs) ; que les taxes établies iraient à 25,000 livres, et, pour parfaire la différence on eut recours aux recettes générales du trésor colonial, au moyen de virements combinés avec cette habileté qu'ont les Anglais — il faut bien le leur reconnaître — en pareilles matières.

Plus tard, en 1852, le gouvernement, faisant toujours le déboursé des dépenses d'immigration, a demandé aux particuliers, qui recevaient les engagés, de rembourser directement une partie des débours ; il a alors supprimé le *fonds d'immigration* et fait supporter aux recettes générales du trésor colonial la différence restant à sa charge.

Mais, comme les agriculteurs remboursaient directement une bonne partie des dépenses, il n'était pas juste que les produits de l'agriculture restassent toujours grevés, dans la même proportion, d'une taxe établie, alors que les producteurs ne payaient directement rien pour l'immigration ; aussi réduisit-on de beaucoup le droit de sortie sur les sucres. On établit, par contre, d'autres taxes d'un revenu équivalent, de façon à ce que l'équilibre du budget ne fût pas compromis.

Tel est le système encore actuellement suivi à Maurice. L'engagiste paie une partie — la plus forte — des dépenses d'introduction de l'immigrant, le trésor public fait l'avance du solde. Ce solde est remboursé au trésor par les revenus généraux du pays, c'est-à-dire par toute la communauté qui, en réalité, profite de l'immigration.

Et voilà comment le gouvernement de Maurice a aidé ses administrés dans les dépenses auxquelles il ont dû se soumettre, pour se procurer une immigration si abondante.

Mais ces mesures, si secourables au premier aspect, si habiles de la part du gouvernement, il ne faut pas croire qu'il les ait prises de lui-même. L'initiative privée l'y a constamment engagé en se manifestant souvent et de façon à obliger, en quelque sorte, le gouvernement à entrer dans ses intérêts et à s'en faire lui-même le bénéficiaire.

« Il nous faut des bras, ont toujours crié les colons de « Maurice, faites nous les payer comme vous voudrez, « mais chargez-vous de nous les faire avoir, de façon à ce « qu'il nous en vienne le plus possible. »

Nous avons vu comment ce vœu a été accueilli et réalisé à la satisfaction du gouvernement et des administrés.

Nous allons voir maintenant ce qui a eu lieu à la Réunion et établir le contraste.

V

Nous avons vu dans les chapitres précédents que depuis 1834, c'est-à-dire depuis le début de l'immigration indienne à Maurice, l'initiative privée des colons de l'île-sœur s'est toujours exercée, directement ou indirectement, de façon à toujours maintenir aussi fort que possible le courant d'introduction de travailleurs.

Nous avons vu que chaque fois que les particuliers ayant besoin de bras ont eu la faculté d'en faire venir eux-mêmes par leurs propres moyens, ils ont mis à profiter de cette faculté un empressement qui ne connaissait pas de bornes; et, chaque fois qu'il leur a fallu subir l'intermédiaire des voies administratives, ils ont pesé de tout le poids de leurs constantes sollicitations, de l'expression de leurs vœux, de la revendication des droits réels que possède la propriété coloniale, pour que l'immigration prît ou conservât une importance majeure dans les préoccupations du pouvoir.

Qu'ont fait, pendant ce temps, les colons de la Réunion, habitants sucriers, planteurs ou industriels, intéressés à divers degrés à l'introduction de travailleurs ?

Si nous consultons les faits parfaitement connus de tout le monde, nous voyons que, partout, l'introduction d'immigrants indiens, africains ou autres a toujours été livrée à la spéculation.

La *Société Agricole*, qui faisait venir des Indiens de Pondichéry, spéculait; bon nombre de ses actionnaires, qui n'étaient pas habitants ou industriels, ont retiré de cette société des dividendes ou profits qu'il est inutile de rappeler.

Les capitaines de navires, maisons de commerce et simples particuliers, qui faisaient entrer ici des Africains, étaient des spéculateurs; on sait assez quelles superbes affaires se sont faites dans ce genre de spéculation de 1857 à 1859; et rares sont les habitants ou industriels qui ont été du nombre des bénéficiaires.

Enfin, quoique en moindre proportion, sous le rapport des bénéfices, les entrepreneurs de l'immigration indienne soit dans les ports britanniques soit à Pondichéry, depuis 1861 et encore aujourd'hui, ne sont autre chose que des spéculateurs.

De quelque côté que soient venus les immigrants depuis 1848, ils sont toujours arrivés chez leur employeur après avoir passé par les mains de la spéculation plus ou moins avide de profits, et le résultat a été que l'employeur a toujours payé, pour ses recrues, un bénéfice plus ou moins fort aux spéculateurs.

C'est, malheureusement, une vérité que nous sommes forcés de rappeler : les colons de la Réunion semblent n'avoir jamais songé à pourvoir eux-mêmes à leurs besoins. Le Conseil général, les conseils municipaux, les réunions privées ou publiques ont toujours retenti de leurs doléances, mais, toujours aussi, ils se sont arrêtés là, attendant, les bras croisés, que quelque spéculateur officiel ou privé trouvât son intérêt à leur tendre une main secourable.

Nous en demandons bien pardon aux colons de la Réunion et les prions de ne pas nous tenir mauvais compte de notre franchise, mais nous ne pouvons que nous étonner de voir que, jusqu'ici, ils se soient aussi bénévolement soumis à un système aussi nuisible à leurs intérêts.

Lorsque la Société Agricole s'est installée pour faire venir des immigrants et les *céder* avec de beaux bénéfices aux employeurs, comment se fait-il que la masse des habitants sucriers, planteurs ou industriels n'aient pas jugé à propos de faire, chacun pour soi ou en se groupant entre voisins, ce que la Société entreprenait de faire pour le compte de tous ?

Lorsque des navires allaient à la Côte d'Afrique soit pour leur compte, soit par suite d'affrètement pour compte de maisons de commerce ou de spéculateurs quelconques ; qu'ils revenaient chargés de travailleurs que l'on s'arrachait à prix d'or ; comment se fait-il que la majorité au moins des habitants sucriers, planteurs, etc., n'aient pas fait eux-mêmes ce que d'autres entreprenaient de faire pour eux, au préjudice de leur bourse ?

Depuis cinq ou six ans, à l'égard de l'immigration indienne, comment se fait-il que le Gouvernement local en soit encore à faire de l'introduction des travailleurs et de la cession de leurs engagements l'objet de *concessions* ou marchés avec une compagnie de Paris ou une maison de commerce de Calcutta ? et comment se fait-il que l'on n'ait aucune part, que nous sachions du moins, fait le moindre effort pour appeler l'attention du Gouvernement sur la nécessité impérieuse d'abandonner ces systèmes de spéculation, plus ou moins nuisibles aux intérêts de la Colonie entière?

Enfin, pourquoi n'avons-nous jamais vu venir de Madras un seul immigrant introduit sur demandes directes des particuliers, en vertu de l'arrêté du 17 octobre 1862 ?

La réponse est la même pour toutes ces questions : parce que l'initiative privée ne s'est montrée que chez les spéculateurs auxquels champ libre d'opérations fructueuses a toujours été laissé par les colons en quête de travailleurs.

Ce qui se passait à Maurice aurait dû cependant servir de guide dans les mesures à prendre à la Réunion. Les résultats obtenus par les divers systèmes pratiqués là-bas, auraient dû les faire adopter ici. Pourquoi n'en a-t-il pas été ainsi?

Si l'on peut faire un reproche à l'Administration de la Réunion, certes ce n'est pas celui d'avoir fermé l'oreille aux doléances qui lui ont été adressées et d'avoir volontairement mal entendu les véritables intérêts des administrés, en matière d'immigration.

Dans tous les arrêtés pris depuis 1848, et surtout depuis 1859 ; dans tous les rapports ou exposés des motifs de ces arrêtés, on voit dominer toujours, de la part de l'Administration, l'intention de satisfaire le plus convenablement possible aux vœux des colons avides de se procurer des bras, de leur en fournir les moyens et de les encourager à s'en servir.

Mais l'Administration n'est pas une providence qui fait tout marcher à sa guise; et quand elle a accordé une faculté à ceux qu'elle gouverne elle ne peut pas faire qu'ils en usent.

Pourrait-on s'en prendre à l'Administration de ce que les colons de la Réunion, si avides de travailleurs, ont préféré payer des engagements de Cafres 1,100 francs et 1,200 francs quelquefois et jamais moins de 800 francs, plutôt que de les payer 350 ou 400 francs au maximum ?

Peut-on s'en prendre à l'Administration si les habitants,

sucriers, planteurs ou autres n'ont pas compris qu'ils pouvaient très bien réaliser eux-mêmes le profit considérable que faisait sur eux la spéculation à laquelle ils laissaient bénévolement le soin de leur fournir des travailleurs?

Poser ces questions n'est-ce pas les résoudre?

Cependant il est nécessaire de répondre à certaines objections que nous avons entendu présenter.

On nous a dit que l'habitant sucrier, le planteur ou l'industriel ne peut pas se faire spéculateur et ne peut ni courir les risques d'entreprises hors de sa portée, ni faire les avances qu'elles nécessitent.

Ce qu'ont fait les habitants de Maurice, de 1834 à 1838, prouve combien cet argument est facile à réfuter par l'expérience acquise en d'autres lieux, tout près de nous.

Nous ne voyons pas en quoi les habitants de la Réunion seraient sortis de la sphère de leurs attributions en affrétant des navires et expédiant des agents à la côte d'Afrique, ou bien en faisant des demandes directes aux agents officiels de recrutement à Madras, ainsi qu'ils en avaient la faculté.

Lorsqu'ils laissaient la spéculation se lancer pour satisfaire à leurs besoins, les habitants de la Réunion connaissaient mieux que les spéculateurs l'étendue de ces besoins et combien était assuré le bénéfice de l'opération. Il ne pouvait donc y avoir témérité à l'entreprendre soi-même.

Quant à la question des avances à faire, et des soldes à acquitter à l'arrivée des navires affrêtés, avec les travailleurs demandés, elle n'était pas si difficile à résoudre qu'on dût ne pas même l'étudier et en chercher la solution. Il est clair que si, en les prenant des spéculateurs, on pouvait débourser, pour les cessions d'engagement, des sommes de 800, 1,000 ou 1,200 francs par homme, on aurait très bien pu s'arranger à faire, deux ou trois mois plus tôt, un débours qui eût été deux ou trois fois moins fort; d'autant que ce débours, anticipé et soumis aux chances de perte, pouvait se résumer en une faible somme pour payer seulement les engagements à la Côte d'Afrique ou dans l'Inde. Enfin nous sommes bien persuadé que les capitaines ou armateurs qui contractaient à des termes très avantageux avec les premiers spéculateurs venus auraient été très aises de contracter, à des termes au moins égaux, avec des habitants ou groupes d'habitants très estimables qui, en définitive, devaient être les cessionnaires de ces marchés.

Ainsi donc rien n'a empêché les habitants de la Réunion de se faire eux-mêmes, à certaines époques, les introducteurs des travailleurs dont ils avaient besoin. Ils ont préféré laisser ce soin à la spéculation et ils ont eu tort.

En n'exerçant pas leur initiative privée, ils se sont, d'eux-mêmes, assujettis à payer pour l'immigration des sommes considérables qu'ils auraient pu économiser, et qui ont fait la fortune des intermédiaires inutiles auxquels champ libre a été laissé.

On a laissé se perpétuer, sous les auspices de la faveur que lui faisait le manque d'initiative privée des colons, la spéculation qui, par sa nature même, devait, ainsi que cela s'est toujours produit, donner lieu à des abus.

Il ne faut pas, en effet, oublier que la suspension de l'immigration de la Côte d'Afrique a toujours été sinon provoquée du moins motivée par les procédés employés par les spéculateurs pour se procurer des recrues au meilleur marché possible.

Ainsi l'intermédiaire était coûteux et de plus il était éminemment nuisible, puisqu'il motivait la suspension complète, pendant des intervalles souvent très longs, d'un courant d'immigration vers lequel tendaient tous les vœux des colons.

Mais, nous dira-t-on, si l'exercice de l'initiative privée a fait défaut aux époques antérieures à 1862, si on a laissé le champ libre à la spéculation, il n'est plus permis aujourd'hui d'y remédier, puisque le Gouvernement lui-même a pris la chose en mains et la livre, à son tour, à des spéculateurs.

On croit avoir tout dit et se trouver complétement excusé, quand on a de la sorte fait retomber sur l'Administration les conséquences de mesures auxquelles elle s'est crue forcée de recourir en présence de l'insouciance, à peu près générale, des administrés.

L'Administration a cru que ces mesures atteindraient pleinement le but désiré; elle a donc persisté dans la voie qui avait toujours été suivie.

C'est là une grave erreur, et, pour la démontrer, il suffira d'expliquer le système actuel d'immigration à Maurice, système qu'il y a lieu de bien indiquer à l'attention du Gouvernement, et qui, on va le voir, tout en satisfaisant complétement au besoin qu'a l'Administration d'intervenir dans tout ce qui se rattache à l'immigration, laisse à l'initiative privée le soin de satisfaire aux besoins particuliers de chacun, suivant les moyens dont il dispose.

Si ce système avait été adopté à la Réunion aussitôt après que l'expérience en avait été faite à Maurice, l'immigration aurait ici produit des résultats analogues à ceux qu'elle a produits là-bas.

Mais ce que l'on n'a pas fait jusqu'ici, rien n'empêche qu'on le fasse à l'avenir; et, justement, si l'on en juge par ce qui se passe, il n'est pas trop tard pour présenter sur ce sujet quelques suggestions utiles au Gouvernement.

VI

Avant de retracer le système pratiqué aujourd'hui pour l'immigration à Maurice, il est bon de dire que ce système doit, à tous égards, être considéré comme le meilleur que l'on ait pu adopter, puisqu'il est le fruit de vingt-cinq années d'expérience, et qu'avant d'y arriver l'administration mauricienne avait pu essayer de tant d'autres systèmes auxquels elle a renoncé, comme étant moins satisfaisants pour le public et le Gouvernement.

L'introduction à Maurice des immigrants venant de l'Inde se fait actuellement sous le régime de l'ordonnance n° 30 de 1858.

Toute personne désireuse de faire venir un ou plusieurs immigrants, engagés pour cinq ans à son service, comme travailleurs, adresse au *Protecteur des immigrants*, à

Port-Louis, une *réquisition* dans laquelle il « requiert » le dit protecteur de prendre les mesures indiquées par les règlements pour faire venir de Calcutta, de Madras ou de Bombay le nombre d'immigrants que le requérant désire avoir.

Le protecteur, recevant la réquisition en double expédition, fait signer par le requérant, et par une tierce personne comme caution, un *bond* ou engagement de prendre, dans les huit jours qui suivront leur arrivée à Port-Louis, les immigrants reçus conformément à sa réquisition; le requérant s'engage en même temps à payer au protecteur des immigrants les frais d'introduction de ses engagés, sans en stipuler d'avance le montant.

Cela fait, le protecteur envoie à l'agent d'émigration du lieu désigné par le requérant un double de la réquisition, avec ordre d'y faire droit dans le plus bref délai.

L'agent d'émigration dans l'Inde recrute les travailleurs demandés, les engage au nom du requérant et les expédie à l'adresse du protecteur à Maurice, sur un navire affrêté par voie de soumission et approuvé par les experts de l'Administration.

Deux jours après l'arrivée des immigrants au *dépôt* de Port-Louis, le protecteur, par un avis publié dans les journaux, invite les requérants à venir prendre livraison de leurs engagés.

Cette livraison ne se fait qu'après que le requérant a acquitté entre les mains du protecteur la somme des frais qu'il a à rembourser à l'Administration.

S'il arrive qu'un requérant ne peut ou ne veut pas prendre livraison de ses engagés, — soit que sa position pécuniaire, dans ce moment, ne lui permette pas un déboursé quelquefois considérable, soit qu'il n'ait plus de ces engagés le besoin qu'il prévoyait en les demandant, — il est libre d'en faire le *transfert* à tout autre.

Mais, avant de sanctionner ce transfert, le protecteur doit s'assurer, auprès des engagés, qu'ils y consentent de leur plein gré, et qu'il n'y a aucun motif pour s'y opposer.

Si les engagés n'y mettent pas d'objection sérieuse, le

nouvel engagiste paie les frais d'introduction pour le cédant et prend livraison des immigrants.

Si le requérant, incapable de les prendre, ne peut trouver à mettre un autre à sa place, après un délai de huit jours, le protecteur a le droit d'annuler les engagements, de les passer à telle personne qu'il lui agrée et moyennant paiement de telle partie que cette personne consent à payer des frais d'introduction ; ensuite le protecteur, par les soins de l'Administration, fait exercer, s'il y a lieu, contre le défaillant ou sa caution, telles poursuites qu'il juge utile d'exercer pour le recouvrement de toute balance dont le requérant reste débiteur, en vertu de son *bond* ou engagement primitif.

Si l'immigrant, engagé dans l'Inde, veut, après son arrivée à Maurice, conquérir de suite sa liberté, il peut le faire en payant lui-même les frais de son introduction, pourvu que son engagiste y consente ou que le protecteur, après information faite, décide qu'il n'y a pas lieu de tenir compte du refus de l'engagiste.

D'après ce qui précède il est facile de voir que tout particulier de Maurice qui a besoin de bras, s'il sait s'y prendre en temps voulu pour les demander, est certain de les recevoir au moment où il aura à les employer. Aucune limite n'est mise aux réquisitions par l'Administration, qui laisse pour cela aux requérants seuls le soin de savoir, en faisant leurs demandes, s'ils seront en mesure de payer les frais d'introduction à l'arrivée des engagés. — « Vous « voulez cent hommes, vous dit-elle, fort bien, je me « charge de vous les faire venir, mais, de votre côté, et « avant tout, engagez-vous à me payer ce qu'ils coûte- « ront ; et, comme vous pouvez me faire défaut, fournis- « sez-moi une bonne et valable caution solidaire de votre « engagement. »

On comprend aisément combien ce système est avantageux, puisque l'habitant, qui sait d'avance à quelle époque finissent les engagements de ses travailleurs et qui peut aussi savoir combien d'entre eux le quitteront, est en mesure de pourvoir, en temps opportun, à leur remplacement par une simple réquisition au protecteur des immigrants. Aussi est-il très rare de voir des requérants refuser de prendre livraison des travailleurs reçus pour eux. Si cela se présente quelquefois, les requérants eux-mêmes ou, à leur défaut, l'Administration, trouvent presque toujours à transférer les engagés à d'autres; et il est presque sans exemple que des poursuites aient dû être exercées pour recouvrer le montant des frais d'introduction.

Avant de donner le chiffre moyen de ces frais, nous devons revenir sur quelques détails de ce que nous venons de retracer rapidement.

Il faut bien faire observer d'abord que tout ce qui se rattache aux demandes de travailleurs, à leur recrutement, engagement, expédition de l'Inde et à leur réception et livraison à Maurice, passe uniquement par les mains de l'Administration mauricienne.

Elle a à Calcutta, Madras et Bombay, des agents d'émigration, un personnel de médecins, employés et recruteurs, ainsi que des dépôts adaptés aux besoins du service. Tout ce personnel, *à appointements fixes*, ainsi que les dépôts, sont à la solde de l'Administration de Maurice et figurent au budget de la colonie.

A Maurice, il n'est pas besoin de le dire, le protecteur des immigrants, son personnel et le dépôt sont également payés par la colonie.

Si des hommes embarqués dans l'Inde meurent pendant la traversée, la moyenne générale des frais est augmentée proportionnellement pour les survivants. Ces frais de recrutement et agence dans l'Inde et ceux de livraison à Maurice, ainsi que la proportion relative aux femmes, sont déterminés de temps à autre, suivant la moyenne des débours réellement faits pendant la période précédente. — Quant aux frais de passages, il va sans dire qu'ils sont fixés, pour chaque navire, d'après les conditions des chartres-parties passées dans l'Inde avec les navires adjudicataires du transport d'immigrants.

Nous ne pouvons mieux donner une idée de la manière dont ces divers frais sont établis et perçus, qu'en reproduisant ici une quittance, que nous avons sous les yeux, fournie par le protecteur des immigrants de Port-Louis à un particulier pour qui deux hommes avaient été demandés à Calcutta, sur sa réquisition.

*Reçu de M*** la somme de 18 livres sterling 15 shellings pour dépenses encourues par le gouvernement pour l'introduction de deux hommes engagés spécialement dans l'Inde, d'après l'ordonnance n° 30 de 1858, et reçus par le navire* Punjab, *de Calcutta :*

Passage		11.10
Passage de femmes et enfants (proportion)	1.11	
Frais d'agence dans l'Inde	2.10	
Gratifications aux médecins et autres frais	3. 2	7. 5
Frais de séjour au dépôt de Port-Louis		2
Total		18.15

Bureau d'immigration, Port-Louis, 24 août 1865.

Signé W. C. Argent.

Pour le protecteur des immigrants.

Ainsi, ces deux hommes, engagés pour cinq ans, ont coûté à l'engagiste 18 livres sterling 15 shellings, soit 9 livres 7 shellings et six pence chacun (ou 234 francs 37 centimes).

Ces deux hommes n'étaient pas mariés, cependant l'engagiste a payé pour les femmes comme s'il y en avait eu au moins une dans son lot; mais aussi, en eût-il reçu deux, ses engagés ne lui eussent pas coûté plus cher.

Nous croyons à propos de donner ici les moyennes suivantes des frais d'introduction d'immigrants à Maurice, d'après les chiffres énoncés dans les rapports officiels du Protecteur des immigrants :

	DE CALCUTTA	DE MADRAS	DE BOMBAY
1859....	188 f. 45	164 f. 10	145 f. 55
1860....	248 50	234 05	210 70
1862....	210 30	232 »	181 55
1863....	254 80	263 90	184 55
1865....	248 65	245 90	233 35
MOYENNE DE CINQ ANS	230 14	228 »	191 14

Nous n'avons pas sous les yeux les prix de cession, à la Réunion, d'engagements d'immigrants Indiens introduits durant les mêmes années, mais nous croyons être dans le vrai en disant qu'ils ont toujours été de beaucoup au-dessus de ceux que nous venons de rapporter. (1)

Il est vrai que tous les débours de l'administration mauricienne pour l'immigration ne lui sont pas remboursés intégralement par les engagistes. Une portion de ces frais reste à la charge du Trésor colonial qui s'en rembourse par le revenu de taxes, autrefois établies spécialement dans l'intérêt du *Fonds d'immigration* et aujourd'hui comprises dans les recettes générales du budget ; ce sont : les droits d'entrée sur vins et spiritueux, la taxe sur les chiens, et enfin le droit de sortie sur les sucres.

Si les revenus de ces taxes ne couvrent pas les débours faits pour l'immigration, les recettes générales comblent le déficit qui se solde ainsi, chaque année, dans la comptabilité du Trésor colonial.

De cette façon, on le voit, la Colonie entière qui, en définitive, tire profit pour sa prospérité générale de l'immigration des travailleurs introduits pour les besoins des particuliers, se trouve payer, nous l'avons déjà dit dans une autre partie de ce travail, une portion des frais occasionnés par cette immigration, et c'est justice.

(1) Voir le tableau détaillé à la fin de cette *Etude*.

Tel est le système pratiqué à Maurice depuis plus de six ans. Tout le monde y a trouvé satisfaction : le gouvernement dans l'exercice de sa surveillance et de l'exécution de ses prescriptions ; les particuliers dans la réception en temps opportun des bras dont ils ont eu besoin ; et, enfin, la Colonie entière dans le maintien toujours égal de l'effectif nécessaire à l'exploitation de ses diverses industries.

C'est ce système que nous voulons recommander d'adopter à la Réunion, et nous allons expliquer comment il nous paraît facilement applicable ici, que l'immigration doive continuer à nous venir de l'Inde ou qu'elle doive nous venir tôt ou tard de la Côte d'Afrique.

VII

Nous nous perdons en conjectures quand nous cherchons à nous expliquer pourquoi le système si simple, si bien combiné pourtant, pratiqué à Maurice depuis 1858 et dans les détails duquel entrent des mesures prises dès 1842, pourquoi, disons-nous, ce système n'a pas obtenu à la Réunion — ou à Paris — une adoption pleine et entière ; et pourquoi on lui a préféré une continuation du système ancien, grâce auquel, nous l'avons dit, la spéculation a toujours la main sur l'immigration aux colonies françaises.

Il y a dans cette préférence quelque chose que nous ne pouvons comprendre et que nous aimons mieux ne pas trop chercher à savoir ; cela pourrait nous conduire à démontrer que l'Administration n'a pas toujours été aussi bien et aussi honnêtement informée qu'elle pouvait désirer l'être.

Ce n'est pas à la Réunion, pourtant, que les bons conseils, que les notes sérieuses, que les informations approfondies lui ont manqué.

En 1861, nous qui écrivons ces lignes, nous avons présenté au Gouverneur, Monsieur le baron Darricau, tout un plan d'organisation de l'immigration indienne à la Réunion. Notre plan a été trouvé fort bon, nous en avons la preuve; il a été adressé à Paris, pour y recevoir — comme tout ce qui se produit ici — le baptême indispensable d'une sanction si souvent tardive et soumise à tant d'éventualités.

Nous avons commis la faute de ne pas accompagner notre proposition jusqu'aux fonds baptismaux des conseils ministériels. Elle a dû céder le pas à d'autres mieux appuyées, que l'on a calquées sur notre plan, en ayant soin toutefois de modifier ce dernier de façon à le faire servir à *une bonne affaire*. Et le Ministère, bien pressé de traiter, n'a pas vu l'*escamotage* qui se pratiquait, en définitive, au détriment de la Colonie.

En 1862, Monsieur Bridet fournissait à l'Administration, par l'intervention du Conseil général, des notes et informations précieuses, condensées dans un remarquable rapport dont les conclusions furent adoptées à l'unanimité par la Représentation coloniale. En 1863 Monsieur Bridet, encore choisi, et à si juste titre, comme rapporteur sur la même question, répétait au Conseil général et, par suite, à l'Administration tout ce qu'il avait déjà dit l'année précédente; et les renseignements qu'il donnait sur le système pratiqué à Maurice, ce qu'il disait de ce système, venaient s'ajouter à tout ce qu'on possédait déjà d'informations utiles sur cette question.

Enfin, nous croyons pouvoir le dire, le Consulat de France à Maurice n'a pas manqué de fournir de son côté à l'Administration toutes les notes qui pouvaient lui être de quelque utilité.

Et pourtant, jusqu'ici rien n'a été fait à Paris dans le sens de ce qui a été adopté à Maurice.

Pouvons-nous espérer que, cette fois, les intérêts des colons de la Réunion seront mieux entendus ?

Dans l'Inde, à Pondichéry du moins, le traité avec la maison Peulevé-Petitdidier est arrivé à terme ; à Calcutta, Madras et Bombay, la convention internationale peut être dénoncée et un nouveau traité conclu, dans lequel de nouvelles dispositions seraient proposées et certainement acceptées ; enfin la rumeur semi-officielle nous fait entrevoir comme possible la réouverture prochaine de la Côte d'Afrique.

Or, nous le répétons, rien ne nous paraît s'opposer à ce que, à Pondichéry aussi bien que dans les ports anglais de l'Inde et à la Côte d'Afrique, le système de recrutement, expédition, etc. pratiqué par la colonie voisine soit adopté par l'Administration de la Réunion.

Nous allons expliquer brièvement comment nous entendrions organiser pour cela l'immigration ici et aux lieux de recrutement.

Il faudrait, avant tout, créer à Saint-Denis un *Bureau d'Immigration*, ayant à sa tête un chef de service, qui centraliserait tout ce qui se rattache, en fait d'administration ou de finances, à l'immigration des travailleurs de toute provenance.

Il ne s'agirait, pour cela, que d'opérer quelques modifications dans le bureau actuel du Commissaire d'immigration; et, notamment, il y aurait à reporter à ce bureau toute la partie du service qui se fait jusqu'ici à la Direction de l'intérieur. Ceci n'empêcherait pas le bureau d'immigration d'être sous la dépendance supérieure du Directeur de l'intérieur.

Il faudrait accorder à tout particulier le droit de demander aux lieux de recrutement qui seraient ouverts, le nombre de travailleurs qu'il voudrait faire venir.

Le Bureau d'Immigration recevrait toute demande d'introduction de travailleurs qui lui serait adressée par tout particulier; ferait souscrire, par ce particulier et par une caution solidaire, un engagement formel de recevoir à leur arrivée tous les immigrants demandés, et de payer les frais de toute nature occasionnés par leur introduction.

Muni de ces engagements, le Bureau d'Immigration transmettrait les demandes à son agent dans le lieu d'où le demandeur voudrait recevoir ses recrues.

Lorsque les engagés ainsi demandés arriveraient à Saint-Denis, le Bureau d'Immigration les recevrait d'abord dans son dépôt, où ils seraient *isolés* pendant trois jours, et préviendrait le demandeur du jour où les engagés lui seraient livrés ; huit jours seraient accordés pour prendre cette livraison, le demandeur payant les frais de séjour au dépôt à tant par jour ; après ce délai, le chef du Bureau d'Immigration aurait le droit de résilier les contrats d'engagement, de transférer les immigrants à tel engagiste nouveau qu'ils agréeraient et qui paierait tout ou partie des frais à la charge du demandeur. S'il restait un découvert, la rentrée en serait opérée par les voies judiciaires, s'il était nécessaire d'en venir là.

Le Bureau d'Immigration tiendrait les registres d'immatriculation des immigrants, leur état civil, les détails de leurs mutations d'engagement ; enfin il serait chargé de pourvoir à leur rapatriement chaque fois qu'il y aurait lieu.

Des agents officiels, à appointements fixes et placés sous la direction générale du Bureau d'Immigration de Saint-Denis, avec lequel ils correspondraient, seraient institués à Pondichéry, Calcutta, Madras, Bombay et tels points de la Côte d'Afrique que l'on choisirait comme centres de recrutements.

Ces agents auraient chacun un dépôt convenable, et un personnel de médecins et employés, tous à appointements fixes ; les recruteurs seraient choisis et payés par eux, suivant un tarif de commissions ou indemnités déterminées.

L'Administration pourrait, avec beaucoup d'avantages, fournir aux agents des recruteurs précieux, en leur envoyant d'ici d'anciens immigrants qui, par leur expérience du Pays et l'exemple qu'ils pourraient offrir à leurs compatriotes, les décideraient sans doute mieux que n'importe qui à émigrer à la Réunion.

Les agents recevraient les demandes transmises par le Bureau d'Immigration, feraient recruter les travailleurs demandés, les engageraient *au nom des demandeurs*, les conserveraient dans leurs dépôts, et enfin les expédieraient à la Réunion sur des navires affrétés à cet effet, après visite satisfaisante d'experts commis par l'Administration.

Avec chaque convoi, ainsi expédié par eux, les agents adresseraient au Bureau de Saint-Denis l'état détaillé des frais de recrutement, frais de séjour au dépôt, fourniture de vêtements, jusqu'à la mise à bord du navire.

Ces états, on le comprend de reste, serviraient à composer le compte des frais d'introduction à réclamer, avant la livraison, aux demandeurs à Saint-Denis, comme nous l'avons indiqué plus haut.

Ce compte de frais comprendrait :

1° Les frais de passage par homme ;

2° Une proportion pour passage de femmes ;

3° Les frais d'agence dans le lieu de recrutement, au prorata, comprenant, outre le quotient de l'état de frais remis par l'agent, une proportion — une fois fixée tous les trois mois, d'après les introductions effectuées ou attendues — pour contribution aux frais de personnel et dépôt des agences ;

4° Les frais de débarquement à la Réunion et une proportion, établie comme ci-dessus, pour les frais de séjour des travailleurs au dépôt de Saint-Denis, du jour de leur arrivée au jour de l'ouverture des livraisons.

Nous laisserions à la charge de la Colonie : les frais éventuels de quarantaine, la dépense de personnel, entretien du dépôt, et menus frais relatifs au Bureau d'immigration de Saint-Denis. Les recettes générales de la Colonie profiteraient du développement agricole provoqué et maintenu par l'immigration ; il serait donc injuste que ces recettes générales ne prissent pas une part raisonnable aux dépenses occasionnées par cette branche de l'administration.

Il est évident que notre système, résumé comme nous venons de le faire, a besoin d'être développé dans certains de ses détails.

Ainsi on nous demandera peut-être comment les agents, dans les lieux de recrutement, s'y prendront pour subvenir au paiement des recruteurs, aux frais de nourriture des immigrants en attendant leur embarquement, enfin aux dépenses de personnel et autres ? comment aussi le Bureau d'immigration à Saint-Denis s'y prendra pour payer les passages, débarquement etc., en attendant que les engagistes en fassent le remboursement?

Rien de plus simple que de répondre à ces questions :

Deux modes d'opérer se présentent à l'esprit, le premier serait tout bonnement de former, comme on le fit à Maurice, un *fonds d'immigration* auquel se verserait le produit d'un impôt spécial, d'autant plus léger, s'il s'agissait de le créer, qu'il suffirait d'un rendement annuel de 100,000 francs. Au bout de deux ou trois ans le *fonds d'immigration* s'élèverait à 200 ou 300 mille francs, somme de beaucoup suffisante pour les avances que le Bureau d'Immigration se trouverait avoir à faire et qui, lui rentrant peu après, ferait ainsi une navette continue. Ceci revient à dire qu'aussitôt qu'on serait arrivé à un chiffre suffisant l'impôt spécial cesserait d'être perçu.

Le second mode d'opérer consisterait à former le même *fonds d'immigration* au moyen d'un emprunt, par virement à tout autre chapitre du budget déjà voté. Les travaux publics, par exemple, dont l'exécution ne peut être immédiate, n'auraient rien à souffrir de prêter ainsi à l'immigration des fonds que celle-ci leur rembourserait en temps opportun, ou que combleraient les excédants de recettes générales.

En 1845 la colonie voisine nous a donné une admirable leçon de virement de ce genre et précisément pour la même question.

La *caisse d'immigration* de Maurice emprunta au budget des travaux publics une somme qui s'éleva à près de 300 mille livres sterling. Quatre ans après les travaux publics, auxquels cette somme avait été affectée dans les prévisions budgétaires, se trouvaient exécutés, grâce aux prélèvements opérés sur les recettes générales du trésor. Alors ceux qui avaient charge de la *caisse d'immigration* demandèrent, et obtinrent naturellement de suite, que cette caisse se trouvât quittancée de sa dette envers les travaux publics. Le Conseil législatif de Maurice adopta sans difficulté les propositions formulées à cet effet par le comité chargé d'examiner cette affaire (1).

De ce que cette leçon nous a été donnée par une administration anglaise, il ne s'en suivra pas, espérons le, qu'on ne veuille pas l'admettre comme fort bonne et fort utile.

Du reste ne sommes-nous pas un peu présomptueux, en voulant apprendre aux hommes éminemment intelligents à qui l'Administration devra en remettre le soin, comment il faudra qu'ils s'y prennent pour adopter le meilleur possible et le plus praticable de tous les modes d'opérer?

Ayant posé le principe, laissons leur le soin de l'appliquer et comptons sur leur sagesse.

On nous demandera peut-être maintenant comment nous entendrions que les agents à la Côte d'Afrique fussent mis à même d'opérer leurs recrutements et de faire l'expédition de leurs recrues. Il est évident que nous ne pouvons avoir la pensée de prendre les choses, à la Côte d'Afrique, comme elles se prennent dans l'Inde.

Les recrutements y doivent être assujettis, toujours à cause des criailleries des soi-disant philanthropes, à une surveillance supérieure qu'il s'agit d'organiser. Il faut aussi que le système à adopter puisse être promptement arrêté et qu'il donne lieu le moins possible à des discussions lentes ou dangereuses.

Les navires ne se présentent pas à la Côte d'Afrique à l'aventure et les agents pourraient ne pas en trouver à affrêter en temps opportun, pour le transport de leurs recrues; il faut donc prendre des mesures à ce propos.

Mais ce chapitre est déjà assez long et il vaux mieux renvoyer au prochain l'explication que nous voulons donner de nos idées sur ces deux points importants de la question.

VIII

Il n'est douteux pour personne que le Gouvernement

(1) Voir la note à la fin.

de l'Empereur, avant de rendre aux colonies françaises la faculté de recruter des travailleurs à la Côte Est d'Afrique, voudra préalablement donner toute son attention au système d'après lequel ces recrutements devront être opérés. Il tiendra à ce que les abus commis autrefois ne puissent plus se produire ; et, pour cela, il tiendra, sans aucun doute, à écarter complétement la spéculation.

Le système que nous proposons doit se trouver, sous ce rapport, entièrement conforme aux intentions du Gouvernement, puisque, nous n'avons pas besoin de le répéter, nous voulons nous-même voir disparaître la spéculation dont nous avons démontré les funestes effets.

Du reste, en 1856 et 1857, le Gouvernement de l'Empereur a accueilli très favorablement un plan analogue au nôtre en principe ; et, si le Consul de France à Zanzibar avait donné aux officiers chargés par le Ministre de traiter avec le Sultan de cette île, toute l'aide qu'il aurait pu leur apporter et qu'il a refusée, ce plan eût été adopté et mis en pratique dès 1858.

Le Ministère ne saurait, par conséquent, refuser d'accueillir favorablement aujourd'hui une proposition analogue à celle qu'il avait approuvée alors.

Le plan présenté en 1856 et 1857 offrait, selon nous, quelques difficultés sérieuses.

Il s'agissait de créer sur divers points de la Côte d'Afrique des comptoirs qui pouvaient tendre à devenir presque des colonies françaises, par l'importance qu'il s'agissait de leur donner.

C'était risquer d'ouvrir la porte à des discussions d'intérêts politiques avec l'Angleterre, les Etats-Unis et le Portugal, que de songer à planter, en quelque sorte, le pavillon français sur des côtes où ces trois nations, avant la nôtre, faisaient un commerce assez considérable ou possédaient des établissements.

Sans doute la France n'avait pas à céder devant la crainte de mécontenter l'une ou l'autre de ces nations ; mais il valait autant ne pas se créer des difficultés nouvelles dont les complications pouvaient aller loin.

D'un autre côté on était, en 1856 et 1857, sous l'impression défavorable des actes de recruteurs peu scrupuleux, qui, pour faire de meilleures affaires, avaient emprunté leurs moyens aux coutumes de la traite; et on craignait, avec beaucoup de raison, que l'immigration des Africains continuât à être, dans les comptoirs, un véritable « trafic de chair humaine. »

L'établissement de comptoirs à la Côte d'Afrique ne manquerait certainement pas de difficultés. L'idée seule de cet établissement soulèverait assurément quelque discussion grave entre le Gouvernement français et les cabinets anglais et américain qui ont, surtout le premier, depuis longtemps jeté leur dévolu sur ces immenses contrées où, ainsi qu'en Australie, elles rêvent de fonder de vastes et superbes colonies. Toutes les criailleries de nos *chers alliés* contre la traite, puis contre l'émigration par rachat d'esclaves, n'ont pas eu d'autre motif réel, quoique caché ; et nous entendons d'avance ces criailleries retentir, dans le sein du futur parlement, le jour où il sera question de nous établir à la Côte d'Afrique comme on l'a proposé.

Le Gouvernement français, à l'heure actuelle est, on le sait, suffisamment occupé des graves questions qui se débattent en Europe et en Amérique; il a trop besoin de toute son influence auprès de l'Angleterre et de son bon droit vis-à-vis des Etats-Unis pour que l'on puisse s'attendre à le voir risquer de soulever de nouvelles affaires qui, quoique d'une faible valeur, ne risqueraient pas moins de devenir d'importants sujets de discorde.

La moins mauvaise conséquence de cet état de choses serait assurément l'ajournement plus ou moins long de la réouverture tant désirée de la Côte d'Afrique à nos recrutements.

Pour que nos propositions puissent avoir quelque chance d'être admises il faut donc, surtout et avant tout, qu'elles ne présentent aucune difficulté politique pour le présent ou pour l'avenir ; il faut, en même temps, qu'elles ferment la porte à la spéculation et à toute réminiscence possible de la traite.

Rien n'est plus facile, on va le voir.

Au lieu d'établir, du moins quant à présent, plusieurs comptoirs à la Côte d'Afrique, nous serions d'avis qu'on se bornât à n'y avoir qu'un seul point central de recrutement et d'expédition des immigrants pour les colonies françaises.

Le Portugal, on le sait, possède sur le littoral du continent africain plusieurs ports dans lesquels il a des représentants. *Mozambique* est le chef-lieu de ces possessions portugaises et nous paraîtrait mériter d'être choisi de préférence, comme premier point d'opération.

Le port de *Mozambique* est, en effet, un des meilleurs de la Côte orientale d'Afrique et offre déjà au commerce et à la navigation des ressources aussi nombreuses que variées; il est le point d'arrivée à la côte de grandes caravanes venant de l'intérieur, avec des produits qui s'échangent contre des marchandises apportées de l'Inde, d'Europe et d'Amérique.

Nous ne voyons pas la moindre bonne raison pour croire qu'il serait impossible, ou même difficile, au Gouvernement français de traiter avec le Portugal, pour obtenir de lui la faculté de créer à *Mozambique* un centre de recrutement, exactement comme on a obtenu de l'Angleterre d'en établir dans l'Inde anglaise.

La question présentée de cette façon ne pourrait, en aucune façon, rencontrer l'opposition, légitime du moins, de l'Angleterre, et la difficulté de ce côté se trouverait résolue de la manière la plus simple.

Le Portugal ne doit pas avoir oublié comment l'Empereur Napoléon III a *arrangé* l'affaire du *Charles-et-Georges*; ce souvenir nous garantirait la fidélité des Portugais aux conventions souscrites; et, d'ailleurs, le développement commercial que procureraient à *Mozambique* nos opérations de recrutement, serait assez précieux pour cette colonie, maintenant abandonnée, pour qu'on puisse compter que, loin de repousser nos agents, les Portugais les encourageraient à y rester le plus longtemps possible.

L'agence d'émigration pour les colonies françaises serait

composée, à *Mozambique*, d'un agent supérieur et d'un sous-agent pour la Réunion, ayant sous leurs ordres le personnel nécessaire d'employés et de recruteurs.

La régularité des recrutements, engagements et expédition des émigrants serait surveillée par deux commissaires, l'un représentant le Portugal et l'autre le Gouvernement français. Ce dernier serait de préférence le commandant de l'un des navires de la division navale de la Côte orientale d'Afrique, qui stationnerait dans le port de *Mozambique.*

L'Agence d'émigration aurait un dépôt dans lequel seraient reçus tous les Africains amenés par les recruteurs ou se présentant d'eux-mêmes pour émigrer; l'agent, ou le sous-agent, sous la surveillance des commissaires, engagerait ces hommes au nom des demandeurs, dont les réquisitions auraient été expédiées de la Réunion, ainsi que nous l'avons dit au chapitre précédent; et, enfin, ces engagés seraient expédiés à leur destination sur les navires destinés à ce transport.

En choisissant *Mozambique,* plutôt que tout autre point qui pourrait être considéré comme préférable sous certains rapports, nous avons un but: celui de couper court d'avance à toutes les objections que pourrait faire naître ailleurs l'antagonisme des soi-disant philanthropes de l'Angleterre. Comment, en effet, pourrait-on accuser d'être une traite l'émigration volontaire, officiellement constatée, de noirs expédiés d'un port dont les autorités ont poussé à l'abus le zèle anti-esclavagiste? Comment pourrait-on craindre la spéculation et ses excès, alors qu'un seul agent serait en droit de recruter, engager et expédier des émigrants, et que, pour tout cela, il serait constamment surveillé par les représentants de deux gouvernements honnêtes?

Au dépôt d'émigration serait attaché un médecin spécial chargé d'examiner l'état sanitaire des engagés, de les vacciner avant leur embarquement et, enfin, de ne permettre l'expédition d'aucun individu atteint de maladie ou de faible constitution.

Les navires, nous l'avons dit, ne vont pas à la Côte d'Afrique à l'aventure et il est évident que, pour que les agents d'émigration puissent toujours expédier leurs recrues sans délai, il faudrait que les navires fussent affrêtés d'avance.

Aussitôt que le Chef du service de l'immigration à Saint-Denis aurait réuni un nombre de demandes suffisant, il appellerait des soumissions et affrêterait un ou plusieurs navires.

Les navires soumissionnaires devraient être préalablement visités, reconnus propres au transport d'immigrants, et munis d'un chirurgien.

Les affrêtements seraient faits : pour aller de Saint-Denis à *Mozambique*, y séjourner un mois et demi au besoin, et retourner à la Réunion avec les immigrants embarqués par l'agence d'émigration : et le prix de l'affrêtement serait fixé à tant par immigrant débarqué à la Réunion.

Le port de *Mozambique*, nous l'avons dit, est un des meilleurs de la Côte d'Afrique et offre au commerce et à la navigation des ressources nombreuses. Certains de pouvoir s'y ravitailler et même y faire, au besoin, quelques réparations, les navires s'y rendraient à des conditions relativement moins élevées que celles qu'ils feraient pour aller ailleurs, et les offres d'affrêtement ne manqueraient pas.

Tel est le plan que nous proposerions d'adopter pour ce qui est de l'immigration africaine, au moins pour les premiers temps.

Plus tard, quand on se serait habitué à voir cette immigration conduite avec autant d'ordre et de bons procédés que les Anglais en mettent à l'émigration des Indiens pour Maurice, il serait facile de créer ailleurs qu'à *Mozambique* de nouveaux centres de recrutement. Les ports de *Quilimane*, *Querimbé*, *Sofala* et *Inhambane*, plus propices peut-être que *Mozambique* aux opérations de ce genre, recevraient nos agences, toutes établies sur le même système et surveillées de la même façon.

Conclusion

Nous avons maintenant terminé notre modeste étude sur cette question si importante de l'immigration à la Réunion.

Celles des personnes intéressées qui ont bien voulu suivre notre travail ont pu comprendre quel a été le but auquel nous avons voulu arriver.

Faire ressortir par des chiffres comparatifs les résultats obtenus à Maurice, par l'exercice qu'ont toujours fait les colons de l'île voisine d'une initiative constamment éveillée; faire comprendre aux colons de la Réunion et à l'Administration qui les gouverne qu'ils ne sauraient plus longtemps refuser de mettre à profit l'expérience acquise par leurs voisins ; expliquer comment nous entendrions que cette expérience servît aux habitants de cette colonie, de façon à leur procurer des travailleurs à des conditions avantageuses, tel a été notre but.

Si nous ne l'avons pas tout à fait atteint, du moins nous serons heureux d'avoir ouvert de nouveau, et dans une direction en quelque sorte nouvelle, la discussion d'une question qui, depuis dix-huit ans, n'a pas encore pu être résolue d'une manière satisfaisante.

Nous n'avons eu la prétention de rien apprendre aux colons si intelligents qui nous ont lu ; nous avons voulu seulement rappeler à leur attention des faits et des considérations qui ne peuvent avoir échappé à leurs études. Nous leur avons fait le reproche de ne pas assez faire usage de leur initiative privée, pour profiter des moyens mis à leur disposition, et d'embarrasser ou de ne pas encourager l'Administration dans la voie des mesures salutaires qu'elle est appelée à prendre.

Quant à l'Administration, nous avons pris la liberté de lui indiquer la marche qu'elle pourrait suivre utilement, sans difficulté, pour permettre à l'initiative privée de s'exercer le plus largement possible, sous un régime de surveillance qui, bien observé, ne laisserait, croyons-nous, rien à désirer.

Enfin nous avons essayé de résoudre, de là façon qui nous paraît la plus prompte et la meilleure, cette grande question de l'immigration africaine qui préoccupe à si juste titre et le Gouvernement et les administrés.

Si notre étude a pu paraître utile, on nous pardonnera d'avoir compté, comme nous l'avons fait, sur la patience et sur la bienveillance de nos lecteurs.

C. W. SALIZ.

NOTE

Pour démontrer comment le Comité d'immigration du Conseil législatif de Maurice établit et régla en 1847 la position de la Caisse d'immigration, instituée en 1842.

Extrait du rapport du Comité en date du 13 décembre 1847, signé PROSPER D'EPINAY, *président.*

En 1842 la Colonie avait en caisse une somme de 7,593,200 francs. Avec la sanction ministérielle, le Conseil législatif avait alors déterminé comme suit l'emploi de cette réserve à des travaux publics d'une nécessité absolue :

897,000 francs pour travaux commencés en 1842;

1,231,175 francs pour travaux votés, mais non commencés;

2,649,725 francs pour travaux estimés, mais non votés;

2,815,300 francs solde des réserves, devait être employé pour les travaux que le Gouvernement jugerait nécessaires, au fur et à mesure des besoins de la Colonie, jusqu'au 31 décembre 1846.

Il fut décidé en 1842 que la *Caisse d'immigration* ferait à la réserve, ainsi distribuée, des emprunts qu'elle rembourserait au moyen des recettes des impôts spéciaux établis pour les besoins de la dite *Caisse.*

De 1842 au 31 décembre 1846, la Caisse d'immigration emprunta de la sorte, aux services des travaux publics, une somme totale de .... 11,442,425 f.

Les recettes des impôts spéciaux donnèrent... 3,538,850

Elle restait donc, le 31 décembre 1846, débitrice de .... 7,903,575 f.

Le Comité du Conseil législatif démontra qu'il serait injuste de laisser la Caisse d'immigration débitrice de cette somme envers le service des travaux publics.

En effet, bien que la somme des réserves appliquée, en 1842, à ce service, eût été absorbée par les emprunts de la Caisse d'immigration, les travaux, désignés en 1842, n'en avaient pas moins été exécutés en totalité à l'époque indiquée, le 31 décembre 1846. On les avait payés au moyen des remboursements faits par la Caisse et des excédants annuels des recettes de la Colonie.

Ces excédants, qui étaient annuellement de 1,496,175 francs depuis 1842, laissaient encore, le 31 décembre 1846, dans les caisses du trésor, une balance de 2,259,800 francs, après paiement de tous les travaux publics exécutés jusqu'alors, et dont le chiffre s'élevait à 7,363,775 francs.

Puisque le but que l'on se proposait en 1842 était atteint, quoique d'une façon différente de celle indiquée, que les travaux publics n'avaient été nullement entravés et que, en fin de compte, le trésor avait une nouvelle réserve accumulée, le Comité proposa, comme mesure équitable, de porter cette réserve ainsi que le chiffre des travaux publics exécutés au crédit de la Caisse d'immigration, dont la position se trouverait ainsi balancée par un solde de 1,818,850 francs à prélever sur les futures recettes des impôts établis pour le service de l'immigration.

Cette proposition du Comité était trop clairement fondée pour que le Gouvernement n'y fît pas droit. Elle fut donc votée par le Conseil législatif, approuvée par le Ministère, et les comptes furent établis en conséquence.

Admirable leçon de comptabilité administrative !

C. W. S.

Tableau comparatif

DES INTRODUCTIONS D'IMMIGRANTS ET DES FRAIS D'INTRODUCTION PAYÉS A MAURICE ET A LA RÉUNION

MAURICE					RÉUNION					
ANNÉES	RÉGIME d'introduction	IMMIGRANTS introduits	PRIX moyens	TOTAL DES FRAIS d'introduction	ANNÉES	RÉGIME d'introduction	PROVENANCE	IMMIGRANTS introduits	PRIX moyens	TOTAL DES FRAIS d'introduction
1834 à 1838	par les particuliers sans l'intervention du Gouvernement	25,468	245f 80	6,250,000f	1829 à 1848	par les particuliers directement	diverses	4,390	800f	3,512,000f
1842 à 1844	par les particuliers avec intervention du Gouvernement	34,121	279 56	9,538,776	1849 à 1860	par la spéculation libre	Indiens	50,072	400	20,028,800
1845 à 1849	par le Gouvernement	27,975	244 15	6,830,096			Africains	35,445	900	31,900,500
1850 à 1857	par le Gouvernemt et sur demandes des particuliers	105,456	166 »	17,505,696	1861 à 1865	par le Gouvernement aux frais des particuliers	Indiens	20,534	372	7,638,648
1858 à 1859	ordonnance de 1858	74,343	176 »	5,650,068						
1860 à 1865	ordonnance de 1858 modifiée et complétée	48,630	244 »	11,865,720						
	Totaux...	315,993		57,640,356				110,441		63,079,948

La moyenne générale par immigrant introduit est donc: pour Maurice, 182 f. 41 c.; pour Réunion, 571 f. 16 c.
On voit par ce tableau que, pour une somme moindre, Maurice a reçu près de trois fois autant d'immigrants que la Réunion.

www.ingramcontent.com/pod-product-compliance
Lightning Source LLC
LaVergne TN
LVHW010058230826
846091LV00005B/1994

* 9 7 8 2 0 1 3 6 5 1 0 7 3 *